Entonces y ahora

La vida en el hogar

Vicki Yates

Heinemann
LIBRARY

Chicago, Illinois

© 2008 Heinemann Library
a division of Reed Elsevier Inc.
Chicago, Illinois

Customer Service 888-454-2279
Visit our website at www.heinemannraintree.com

Designed by Victoria Bevan and Joanna Hinton-Malivoire
Photo research by Ruth Smith and Q2A Solutions
Translation into Spanish produced by DoubleO Publishing Services
Printed and bound in China by South China Printing Co. Ltd.

12 11 10 09 08
10 9 8 7 6 5 4 3 2 1

ISBN-13: 978-1-4329-0839-3 (hc)   978-1-4329-0847-8 (pb)

The Library of Congress has cataloged the first edition of this book as follows:

Yates, Vicki.
  [Life at home. Spanish]
  La vida en el hogar / Vicki Yates.
      p. cm. -- (Entonces y ahora)
  Includes index.
  ISBN-13: 978-1-4329-0839-3 (hb - library binding)
  ISBN-13: 978-1-4329-0847-8 (pb)
  1. Home--Juvenile literature. 2. Home--History--Juvenile literature. I. Title.
  HQ744.Y3818 2007
  306.85--dc22
                              2007033657

Acknowledgements
The publishers would like to thank the following for permission to reproduce photographs: AKG-Images pp. **6**, **23**; Corbis
pp. **9** (Steve Chenn); Flickr p. **7** (Sarah Beth Photography); Istockphoto p. **18**; Library of Congress p. **16**; Photolibrary.com
pp. **4**, **11**(Foodpix), **5** (Michael Hall/Photonica Inc), **8**, **20** (Vintage Images/Nonstock Inc), **13** (Johner Bildbyra), **15** (Fermariello
Mauro/Science Photo Library), **17** (Frank P Wartenberg/Picture Press), **19** (Charles Gullung/Photonica Inc), **21** (Lichtenberg
Photography/Photonica Inc); Rex Features p. **14**; Science & Society p. **10** (Royal Photographic Society); Shutterstock p. **22**
(Lance Bellers); USDA pp. **12**, **23**; Vintage Images p. **23** (Nonstock Inc/Photolibrary).

Cover photograph of girl in tin bath reproduced with permission of Rex Features and photograph of girl in bath reproduced
with permission of Corbis (Cameron).
Back cover photograph reproduced with permission of Shutterstock/Lance Bellers.

Every effort has been made to contact copyright holders of any material reproduced in this book. Any omissions will be
rectified in subsequent printings if notice is given to the publishers.

Contenido

¿Qué es un hogar?

Un hogar es donde viven las personas.

Un hogar es donde las personas comen
y duermen.

En el pasado, las personas vivían en cuevas.

Hoy en día, vivimos en edificaciones.

Mantenerse caliente

chimenea

En el pasado, todos los hogares tenían chimenea. El fuego mantenía calientes a las personas.

Hoy en día, la mayoría de los hogares tiene calefacción. La calefacción mantiene calientes a las personas.

Comida y bebida

En el pasado, las personas cocinaban sobre un fuego.

Hoy en día, las personas preparan su comida sobre una cocina.

En el pasado, las personas sacaban el agua de un pozo.

Hoy en día, las personas sacan el agua de un grifo.

Mantenerse limpio

En el pasado, los hogares no tenían cuarto de baño.

Hoy en día, los hogares tienen cuarto de baño.

En el pasado, las personas lavaban la ropa a mano.

Hoy en día, las personas lavan la ropa en una lavadora.

La luz

En el pasado, las personas se iluminaban con velas.

Hoy en día, las personas se iluminan
con lámparas.

Comparemos

En el pasado, las familias se divertían en el hogar.

Hoy en día, las familias todavía se divierten en el hogar.

¿Qué es esto?

En el pasado, este objeto se usaba en el hogar. ¿Sabes qué es?

Respuesta en la pág. 24

Glosario ilustrado

 **cueva** cavidad grande en el costado de una colina o de un acantilado

 **chimenea** un hueco pequeño en una casa donde se enciende un fuego como calefacción

 **pozo** un agujero profundo con agua en el fondo

Índice

Respuesta a la pregunta de la pág. 22: Es un rodillo. Se usaba para escurrir el agua de la ropa mojada. Hoy en día, las lavadoras realizan esta tarea.

Nota a padres y maestros
Antes de leer: Explique a los niños cómo han cambiado los hogares desde que usted era pequeño. Anímelos a hacer preguntas.

Después de leer: Comente con los niños cómo la vida en el hogar era diferente en el pasado. Comenten las ilustraciones del libro y pídales que señalen cómo ha cambiado la vida en el hogar. Pídales que imaginen qué tipo de tareas harían los niños de su misma edad.

Usted puede apoyar las destrezas de lectura de no ficción de los niños ayudándolos a usar el contenido, los encabezados, el glosario ilustrado y el índice.